AF454899

23. Septembre 1629.

LETTRES PATENTES EN FORME

aoust 1628.

d'Edict & Declaration de sa Maiesté, portant attribution de Iurisdiction en son Grand Conseil, tant de la cognoissance des contrauentions audit Edict, qu'en cas d'appel des causes & procez ciuils & criminels desdits Presidens & Tresoriers, tant anciens que nouueaux, Aduocat & Procureur du Roy de sa Maiesté. Autres lettres patentes pour l'exercice de la fonction & exercice des charges desdits Presidens, Tresoriers & autres Officiers sans discontinuation de seruices par années. L'Arrest du Cõseil d'Estat pour l'augmentation des Espices & droicts desdites charges.

Arrest de Verification & enregistrement au Greffe dudit Grand Conseil, du 21. Aoust 1628.

A PAIRS,
Par P. METTAYER, A. ESTIENE, & C. PREVOST, Imprimeurs & Libraires ordinaires du Roy.
M. DCXXVIII.
Auec Priuilege de sa Majesté.

(16)

LOVIS par la grace de Dieu Roy de France & de Nauarre, A tous ceux qui ces presentes lettres verront, Salut. Par nostre Edict du mois d'Auril dernier, Nous auons reglé le seruice ordinaire de nos amez & feaux Conseillers, les Presidens & Tresoriers de France & de nos finances des Generalitez de ce Royaume, excepté celle de Bretagne en seruice alternatif, croyant que cette discontinuation d'exercices apporteroit du soulagement au public & du bien à nos affaires: Mais ayant depuis plus particulierement pensé sur ce subiect & recogneu qu'en plusieurs occurrences & presque en toutes les actions desdits charges, il est necessaire pour nous, nos Officiers de l'Ordre des finances, que ceux desdits Officiers qui ont assisté aux premieres deliberations se trouuent aux suiuātes & dernieres resolutions, ce qui ne pourroit estre si ce changement auoit lieu & pour le bien que nous en auōs esperé, il n'en reüssiroit que plusieurs desordres & confusions ausdites charges & à icelles finances. Chose si soigneusement remarquée par le feu Roy Henry le Grãd, nostre tres-honoré Seigneur & Pere, que Dieu absolue, què par son Edict du mois de mil six cens huict, pour plusieurs grandes & iustes considerations il auroit reuoqué celuy de l'année mil cinq cens quatre vingt dix-huict, donné en pareil cas. Desirant autant qu'il nous sera possible suiure les resolutions de nostredit tres honoré Seigneur & Pere, Sçauoir faisons qu'ayant de nouueau mis ces affaires en deliberation en nostre Conseil, iugé le mal & le preiudice qui arriueroit de ce changement. De l'aduis d'iceluy auons declaré, voulu & ordonné, & par ces presentes pource signées de nostre main, Disons, declarons, voulons & nous plaist, que nosdits Presidens & Tresoriers generaux de France de toutes les Generalitez de ce Royaume tant anciens que nouuellement crées par ledit Edict du mois d'Auril dernier, comme aussi nos Aduocat & Procureur, Greffier, Maistre Clerc, Procureurs & Huissiers, exercent leursdictes charges & offices conioinctement sans aucune discontinuatiõ, encores qu'il soit expressement porté par l'Edict qu'ils seruiront à l'aduenir par années ſeparées, ſçauoir, moitié deſdits Officiers en l'vne des années, & l'autre moitié en la ſuiuante. Lequel Edict entant que beſoin eſt ou ſeroit, Nous auons reuoqué, declaré, & declarons nul & de nul effect pource qui eſt d'iceluy exercice ſeulemẽt, ſans y preiudicier pour le ſurplus que nous voulons ſortir ſon plain & entier effect, & demeurer en ſa force & vertu, meſmes pour deux ſeruices joincts vnis & aſſemblez l'vn auec l'autre ſans que ores ny pour l'aduenir iceluy exercice puiſſe eſtre rendu alternatif deſuny, ſeparé ou aucunement changé, ny le nombre deſdits Preſidens & Treſoriers generaux d'icelles Genaralitez par nous ou nos ſucceſſeurs aucunement augmenté ſoubs quelqu cauſe, occaſion ou pretexte que ce ſoit ou puiſſe eſtre, tant par creation de nouuelles Generalitez que autrement, attendu les grands ſecours & ſeruices que nous auons receuz deſdits Treſoriers generaux en la neceſſité de nos affaires, & que le nombre à preſent eſtably eſt plus que ſuffiſant pour l'exercice deſdites charges. SI donnons en mandement à noſtre tres cher & feal le Sieur de Marillac, Cheualier Garde des Sceaux de France, que ces presentes il face lire & publier le Sceau tenant & par nos amez & feaux Conseillers les grands Audianciers & Controlleurs generaux de la Chancellerie de France les faire registrer és registres d'icelle Chancellerie, & à nosdicts Presidens & Tresoriers de France & generaux de nos finances d'icelles Generalitez & chacun en son bureau, que ces presentes ils facent lire, publier & registrer, garder entretenir & obseruer de poinct en poinct selon leur forme & teneur sãs y contreuenir en aucune sorte & maniere que ce soit. car tel est nostre plaisir: Nonobstant ledit Edict, ny autres choses à ce contraires, ausquelles nous auons derogé & derogeons par lesdites presentes. En tesmoin dequoy nous auons faict mettre nostre seel à cesdites presentes. Donné à Paris le vingt-troisiesme iour de Septembre l'an de grace mil six cens vingt-sept, & de nostre regne le dix-huictiesme.

Signé, LOVIS.

Et sur le reply, POTIER, & seellé du grand Seel en cire iaune.

Leuë publiée le sceau tenant de Monseigneur

de Marillac, garde des Seaux de France, & registrées és registres de l'audiance de la Chancellerie de France, par moy Conseiller du Roy en ses Conseils d'Estat & Priué, Controolleur general d'icelle Chancellerie, à Tours le ving[illegible]iesme iour de Septembre, mil six cens uingt-sept.

Signé, REVOVARD.

Leuës & publiées en l'audiance du grand Conseil du Roy, & enregistrées és registres d'iceluy suiuant l'Arrest de ce iour, ouy & ce requerant le Procureur general de sa Majesté, pour iouyr par les impetrans de l'effect contenu esdites lettres selon leur forme & teneur à Poictiers, le vingt-uniesme iour d'Aoust, mil six cens vingt-huict.

Signé, COLLIER.

Extraict des Registres du Conseil d'Estat.

LE Roy s'estant faict representer son Edict du mois d'Auril dernier, portant creation de quatre Tresoriers generaux de France, deux qualitez de Presidens & autres Officiers en chacun des bureaux de ce Royaume, auec attribution de la Iurisdiction contentieuse de son domaine, & voyrie, & ordonné par ledit Edict que tous les Tresoriers de France exerceront lesdictes charges alternatiuement, & par années distinctes, les Lettres de Declaration de sa Majesté du vingt-troisiesme iour de Septembre ensuiuant, par lesquelles & pour les causes & considerations portées par icelles sadite Majesté a reuoqué ledit seruice alternatif, & ordonné qu'ils exerceroient conjoinctement sans aucune discontinuation d'exercice ainsi qu'ils ont tousiours faict. Tellement que la residence d'iceux Officiers n'est plus requise comme elle estoit auparauant ledit Edict qui ne les obligeoit qu'à seruir du moins

moins quatre mois en deux ans, & voulant ſadicte Maieſté regler l'exercice deſdictes charges en ſorte que ſon ſeruice n'en ſoit point retardé, & que ils puiſſent vacquer à leurs affaires particulieres. Sa Maieſté en ſon Conſeil a ordonné & ordonne que au lieu du ſeruice de quatre mois en deux ans, reglé par ledit Edict du mois d'Auril dernier, leſdits Preſidens, & Treſoriers de France ſeruiront au moins trois mois chacune année à commencer du premier Ianuier prochain: moyennant lequel ſeruice de trois mois participeront tant preſens que abſens à toutes les eſpices & droicts qui eſcherront pendant le courant de chacune année, ſoit qu'ils procedent du faict des finances où deſdictes iuriſdictions du domaine & voyrie, leſquelles eſpices & droicts ſeront augmentez en vertu du preſent Arreſt à proportion deſdits quatre Treſoriers Generaux, nouuellemēt creés en chacun deſdits Bureaux. Faict au Conſeil d'Eſtat du Roy tenu au Camp deuant la Rochelle le troiſieſme iour d'Octobre, mil ſix cens vingt ſept.

Signé, PARTICELLE.

Leu & publié en l'Audiance du grand Con-

ſeil, & enregiſtré és regiſtres d'iceluy, ouy & ce requerant le Procureur general du Roy pour iouyr par les impetrans du contenu ſuiuant l'Arreſt ce iourd'huy donné audit Conſeil à Poictiers, le vingt-vnieſme iour d'Aouſt mil ſix cens vingt-huict.

Signé, COLLIER.

LOVIS par la grace de Dieu Roy de France & de Nauarre, A tous ceux qui ces presentes lettres verront, Salut. Encores que par nostre Edict du mois d'Auril mil six cens vingt-sept, verifié en nos Cours de Parlement, Chambre de nos Comptes, & Cour des Aydes à Paris, & pour les considerations y contenues, nous ayons attribué à nos Presidens & Tresoriers generaux de France en l'estenduë de chacune Generalité (fors celle de Bretagne) la cognoissance en premiere instance, & priuatiuement à nos Baillifs, Seneschaux, Preuosts, leurs Lieutenans & autres Iuges, de tous procez & differens qui pouuoient estre intentez pour raison de nostre Domaine, circonstances & dependances, & autres cas portez par iceluy, & creé par ledit Edict quatre nos Tresoriers de France, deux qualitez de Presidens, vn Aduocat & vn Procureur pour nous, & autres Officiers pour seruir en chacune de nosdites Generalitez: & à cause de ladite création & attribution de l'entiere Iurisdiction & cognoissance de nostredit Domaine, esteint & supprimé tous les Iuges particuliers, & autres Officiers cy deuãt establis en aucuns lieux de nostre Royaume, pour le fait dudit Domaine, ainsi qu'il est porté par nostredit Edict cy attaché soubs le contreseel de nostre Chancellerie, à l'execution duquel & à l'instante supplicatiõ de nostredite Cour de Parlement & Chambre des Comptes, & pour quelques considerations concernant l'execution plus prompte du surplus dudit Edict. Nous auons faict expedier nos lettres de Declaration à nostredite Cour, portant reuocation de Iuger par nosdits Tresoriers de France en dernier ressort, & nostredit Edict à nostredite Chambre sur le subiect des foys & hommages à nous deubs Mais estant cestedite Declaration demeurée sans effect, & ayant dauantage consideré l'vtilité de nostredit Edict, aux termes ausquels il a esté premierement conceu & registré en nostredite Cour & Chambre, qu'il importoit au bien de nostre setuice & de nos subjects, de conseruer ausdits Tresoriers de France, le pouuoir que nous leur auions attribué par ledict Edict, de remettre entre nos mains toutes les vsurpations qu'ils trouueront estre faites des parts & portions de nostredit Domaine, & veilles à la conseruation d'iceluy, & auoir soing de faire rendre à nos vassaux les foys & hommages des fiefs releuant de Nous, comme ayant plus de cognoissance des mutations qui arriuent en iceux, & pouuāt mieux pouruoir au payement des droicts & deuoirs Seigneuriaux selon la coustume du pays, où ils sont situez. Sçauoir faisons, qu'apres auoir mis ceste affaire en deliberation en nostredit Conseil, & de l'aduis d'iceluy, & de nostre certaine science, pleine puissance & authorité Royale, auons par ces presentes, dict, statué, & ordonné, disons, statuons, & ordonnons, voulons & nous plaist, que nosdits Presidens & Tresoriers generaux de France jouyssent entierement du contenu en nostredit Edict du mois d'Auril de l'année derniere mil six cens vingt-sept, registré en nostredite Cour de Parlement, Chambre des Comptes, & Cour des Aydes, nonobstant & sans auoir esgard à nosdites Lettres de Declaration & Edict du mois d'Auril de la presente année, & par nous addreſſées à noſtredite Cour de Parlement & Chambre des Comptes de Paris, pour le faict du dernier reſſort & receptoin des fois & hommages à nous deubs, que nous auons reuoqué, & reuoquons, comme nulles ſans effect & eſtant demeurées ſans execution, enſemble l'Arreſt de noſtredite Cour de Parlement de Paris du 25. May dernier, donné contre la teneur de noſtredit Edict dudit mois d'Auril, & tout ce qui eſt enſuiuy au preiudice de noſtredit Edit, & ſans y auoir eſgard, voulons que noſdits Preſident, Treſoriers generaux de France, Aduocats, & Procureurs pour nous, & autres Officiers par nous creés auſdites Generalitez, exercent dés à preſent la Iuriſdiction contentieuſe de noſtre Domaine, circonſtances & dependances priuatiuement à tous nos Baillifs, Seneſchaux, Preuoſts, leurs Lieutenans & autres Iuges quelconques, nonobſtant oppoſitions ou appellations, & ſans preiudice d'icelles, leſquelles nous auons par ces preſentes, reuoquées à nous & à noſtredit Conſeil, faiſans tres-expreſſes inhibitions & deffences à noſdits Baillifs, Seneſchaux, leurs Lieutenans, & autres Iuges, d'en prendre à l'aduenir aucune cognoiſſance, à peine de nullité. Voulons & ordonnons à noſdits Preſidens & Treſoriers generaux de France de ſpecifier dans les Iugemens qu'ils rendront en dernier reſſort, ſuiuant noſtredit Edict, les motifs d'iceux, pour empeſcher noſdites Cours de Parlement, de receuoir aucunes appellations deſdits Iugemens en dernier reſſort: ce que nous leur auons interdit & deffendu, interdiſons & deffendons par ces preſentes. Et ſur ce que par noſdites Lettres de Declaration du 23. Septembre dernier, & Arreſt de noſtredit Conſeil d'Eſtat du 30. Octobre enſuiuant, Nous auons reglé l'exercice des charges de noſdits Preſidens & Treſoriers generaux de France, & la maniere de perceuoir leurs droicts & eſpices, Nous voulons le contenu en noſdites Lettres de Declaration eſtre inuiolablement gardé & obſerué & noſtredit Arreſt entierement executé, & afin de pouruoir à la reception des pourueus deſdits Preſidens & Treſoriers generaux de France, Aduocat & Procureurs pour nous creez par noſtredit Edict, & que la bonne foy ſoubs laquelle ils ont financé ne leur tourne à preiudice & dommage, Nous auons reuoqué à nous & à noſtredit Conſeil d'Eſtat toutes les inſtances d'oppoſition formees & à former à l'execution de noſtredit Edict, tant en noſtre Cour de Parlement, que Chambres de nos Comptes par quelques perſonnes & pour quelques cauſes & occaſions quece ſoit: faiſant inhibitions & deffences auſdites Cours d'en prendre aucune cognoiſſance, & aux parties de faire pourſuittes, ſur peine de nullité, caſſation de procedures. Voulons que noſdits Preſidens & Treſoriers generaux de France, nouuellement creés, & autres tant d'ancienne que nouuelle creation, qui ont eſté & seront cy-apres par nous pourueuz deſdits Offices, & les pourueuz des Offices de nos Aduocats & Procureurs auſdits bureaux ſoient d'oreſnauant interrogez & receuz en noſtre grand Conſeil, & inſtallez par noſdits Preſidens & Treſoriers de Frãce, en chacun Bureau de noſdites Generalitez ſans difficulté, chacun pour leur regard: & à leur refus inſtallez par les Commiſſaires qui ſeront par nous deputez, nonobſtant l'addreſſe de leur prouiſions & tout vſage contraire, A quoy nous auons deſrogé & deſrogeons par ces preſentes & d'iceluy releué & diſpensé, releuons & diſpenſons noſdits Preſidens

sidens & Tresoriers generaux de France, & autres nos Officiers desdites Generalitez, sans pour ce preiudicier aux rangs, seances & voix deliberatiues qu'ils ont és Chambres des Comptes, Cours des Aydes, prerogatiues & droicts à eux attribuez par nos anciens Edicts, que nous voulons estre executez sans difficulté, & en outre que les pourueuz des Offices de Payeurs des gages, droicts, & menues necessitez de nosdits Presidens, & Tresoriers generaux de France, & autres Officiers de nosdits bureaux creés par nostre Edict du mois de Decembre 1626. soient d'oresnauant receuz par nosdits Presidens & Tresoriers generaux de France en chacun Bureau, & outre comptent seulement de leurs maniemens pardeuant eux, apres toutesfois auoir verifié estat en nostredict Conseil, sans pouuoir estre contraincts de se faire receuoir ny compter esdites Châbre des Comptes & ailleurs, dont nous les auons deschargez, deschargeons. Voulōs & nous plaist, que tous les comptes qui seront par eux ainsi rendus & examinez valent à leur acquist de toutes les parties employees en iceux, comme s'ils auoient esté rendus en nostredite Châbre des Comptes. Deffendons à nos Procureurs generaux de nosdites Chambres d'en faire aucunes poursuittes, à peine d'en respondre en leurs propres & priuez noms, à la charge que lesdits comptes nous seront rendus sans espices, ny autres frais les originaux, desquels demeureront és Greffes de nos Bureaux, & que nosdits Payeurs seront tenus trois mois apres leur compte rendu en fournir vn double collationné par le Greffier du Bureau à nostre Receueur general en exercice ladite année, pour estre par luy rapporté en nosdites Chambres, lors qu'il comptera de son maniement sur les parties employées, soubs le nom de nostredit Payeur, duquel receueur general nostredit Payeur tirera certification qui sera rapportée par son compagnon d'office sur la partie de ses gages en l'année suyuante, à peine de radiation d'iceux. Et sur ce qu'auparauant la creation des Payeurs nosdits Tresoriers generaux de France, les Receueurs generaux de nos finances, en comptant en nosdites Chambres, rapportoient les procez verbaux de leurs cheuauchées sur la partie de leurs gages, & qu'ils doiuent à present estre rapportez par nosdits Payeurs, Nous voulons qu'en comptant par estat en nostredit Conseil, ils soient tenus rapporter lesdicts procez verbaux de cheuauchées, lesquels apres la verification dudit estat demeureront au Greffe de nostredit Conseil, sans que d'oresnauant nosdits Tresoriers generaux de France soient plus tenus de les enuoyer en nostre Chambre des Comptes, dont nous les auons releuez & dispensez. Et s'il estoit cy apres contreuenu à ces presentes, & à nostredit Edict du mois d'Auril 1627. Nous auons renuoyé & renuoyons la cognoissance desdites cōtrauentions en nostre grand Conseil, & pour raison de ce nous leur en auons attribué & attribuons toute Cour Iurisdiction & cognoissance, & icelle interdicte & deffenduë à toutes nos Cours de Parlement, Chambres des Comptes Baillifs, Seneschaux, ensemble de tous les differens qui pourroient estre meuz à ceste occasion, par quelque personne que ce soit, Comme pareillement la cognoissance en cas d'appel pendant deux ans de toutes les causes, procez & differends de nosdits Presidens & Tresoriers generaux de France, nos Aduocats & Procureurs en leurs affaires particulieres, tant ciuiles que criminelles, meus, & à mouuoir & ausquelles ils seront parties,& pour quelque cause & occasion que ce soit,deffendant à nosdites Cours & tous autres Iuges, d'en prendre aucune cognoissance, à peine de nullité,cassation de procedures, & aux parties de se pouruoir ailleurs à peine de tous despens, dommages & interests. Si donnons en mandement à nos amez & feaux Conseillers, les gens tenans nostre grand Conseil, que ces presentes ils ayẽt à faire lire, publier & enregistrer ensemble nostredit Edict du mois d'Auril de l'année derniere cy attaché, encore qu'il ne leur soit addressé & nostre Declaratiõ pour le seruice continu de nosdits Presidens & Tresoriers generaux de France, & iceux inuiolablement garder & obseruer, & à nos amez & feaux Conseillers, les Presidens & Tresoriers generaux de France des Generalitez de nostre Royaume, Baillifs, Seneschaux, de faire aussi registrer, garder & obseruer ces presentes sans permettre qu'il y soit contreuenu en quelque sorte & maniere que ce soit, contraignant à ce faire & souffrir tous ceux qu'il appartiendra, nonobstant oppositions ou appellations quelconques pour lesquelles ne voulons estre differé, & dont si aucunes interuiennent, Nous auons retenu & reserué à nous & à nostredit Conseil d'Estat la cognoissance & icelle interdicte & deffenduë à toutes nos Cours & Iuges quelconques, nonobstant aussi tous Edicts & Ordonnances à ce contraire, ausquelles pour ce regard & aux desrogatoires des desrogatoires y contenuës, Nous auons desrogé & desrogeons par ces presentes. Car tel est nostre plaisir, Et afin que ce soit chose ferme & stable à tousiours, nous auõs faict mettre nostre Seel à cesdites presentes. Donné au Camp deuãt la Rochelle le dixiesme iour d'Aoust l'an de grace mil six cens vingt-huict, & de nostre regne le dix neufiesme. Signé, LOVIS. Et plus bas, Par le Roy, Le Beavclerc, & seellé du grand Seau de cire iaune sur double queuë.

Leuës & publiées en l'Audiance du grand Conseil du Roy, & enregistrées és registres d'iceluy, ouy & ce requerant le Procureur general de sa Maiesté, pour iouyr par nosdits Presidens, Tresoriers & autres Officiers desdits Bureaux, tant anciens que nouuellement creés, autres que ceux du Bureau de Bretagne, de l'effect & contenu ausdites lettres selon leur forme & teneur suiuant l'Arrest ce iourd'huy Donné audit Conseil à Poictiers le vingt-vniesme iour d'Aoust mil six cens vingt-huict.

Signé, Collier.

SVR la requeste presentée au Conseil, le dixhuictiesme Aoust mil six cens vingt-huict ,par le Procureur General du Roy, Tendant afin que les Lettres de Declaration du 10. dudit mois & an, pour iouyr par les Presidens Tresoriers & autres Officiers anciens & nouuellement erigez aux Bureaux des Finances de l'Edict du mois d'Auril , mil six cens vingt-sept, Nonobstant autres Lettres du mois d'Auril, mil six cens vingt-huict , & Arrests donnez sur icelles en la Cour de Parlement de Paris , & Chambre des Cõptes de ladicte ville, & proceder au Conseil à la reception desdits Officiers nouuellement creés esdits Bureaux nonobstant les oppositions formées à leur reception,maintenir & conseruer lesdits Presidẽts, & Tresoriers en la iurisdiction à eux accordée par ledit Edict en cas de contrauention & pour iuger par appel toutes les causes Ciuiles, & Crimineles desdits Presidents, Tresoriers , & autres Officiers des Bureaux des Finances pẽdant le temps de deux ans soient leuës & publiées en l'Audiance dudit Conseil,& enregistrée au Greffe,pour iouyr par lesdits Presidents Tresoriers , & autres Officiers de l'effect & contenu esdites Lettres,selon leur forme & teneur. VEV par le Conseil les deux Semestres assemblez ladicte requeste lesdictes Lettres & Arrest du Conseil d'Estat du cinquiesme Aoust mil six cens vingt-huict,pour l'execution dudit Edict,ledit Edict du mois d'Auril six cens vingt-sept, Par lequel le Roy auroit attribué ausdits Bureaux autres que celuy de Bretagne la cognoiſſance de ſon Domaine & de ſa Voyrie pour en iuger les procez en dernier reſſort iuſques à la ſomme de deux cens cinquante liures de rente & le double par prouiſion, la reception des hommages deubz au Roy, & la cognoiſſance des dixmes feodales mouuants du Roy, & deffences aux Baillifs, Seneſchaux leurs Lieutenants & Iuges ordinaires d'en prendre cognoiſſance creé & erigé en chacune Generalité quatre Treſoriers, & deux charges de Preſidés pour eſtre tenues par l'vn deſdits Treſoriers anciens ou nouueaux, vn ſubſtitut du Procureur general du Roy, vn autre ſubſtitut Aduocat du Roy, dix Procureurs, & trois Huiſſiers, eſtaint & ſupprimé les Iuges eſtablis pour le Domaine autres que les Officiers de la Chambre du Treſor, Arreſts de verification dudit Edict, le Roy ſeant audit Parlement de Paris, du vingt-huictieſme Iuin, mil ſix cens vingt-ſept, Lettres du vingt-troiſieſme Septembre, audit an, par leſquelles le Roy auroit permis auſdits Preſidens, Treſoriers, & Officiers d'exercer leurs charges, ſans diſcontinuation ſeruices par années, Arreſt du Conſeil d'Eſtat du trentieſme Octobre audit an, par lequel auroit eſté permis auſdits Preſidens, & Treſoriers, ſeruant au moins trois mois par chacun an, de prendre & perceuoir tous les eſmolumés deſdites charges Arreſts de ladicte Cour de Parlement de Paris du vingt-cinquieſme May, mil ſix cens vingt-huict, par lequel auroit eſté ordonné que Maiſtre Iehan Roger ſeroit receu en la charge de ſubſtitud du Procureur General du Roy au Bureau de Tours, à la charge que tant leſdits Treſoriers que Roger ne prendront cognoiſſance en premiere iſtance des procez du Domaine priuatiuement aux Baillifs & Seneſchaux ou leurs Lieutenans, ains exerceroient leurs charges comme ils faiſoient auparauant ledit Edict d'Auril, mil ſix cens vingt-ſept, LE Conſeil ayant eſgard à ladicte Requeſte, à ordonné & ordonne que leſdictes Lettres du dixieſme Aouſt, & viogt-troiſieſme Septembre, & l'Edict du mois d'Auril mil ſix cens vingt-ſept, & Arreſt du trentieſme Octobre, ſeront leuës & publiées en l'Audiance dudit Conſeil & enregiſtrées au Greffe d'iceluy pour iouyr par leſdits Preſidens, Treſoriers, & autres Officiers deſdits Bureaux anciens, & nouuellement crées, autres que du Bureau de Bretagne, de l'effect & contenu audit Edict & Lettres ſelon leur forme & teneur. Le preſent Arreſt a eſté mis au Greffe dudit Conſeil monſtré au Procurear General du Roy, & Prononcé à Poictiers le vingt-vnieſme Aouſt mil ſix cens vingt-huict.

Signé, COLLIER.

Collationné aux originaux par moy Notaire & Secretaire du Roy.

www.ingramcontent.com/pod-product-compliance
Ingram Content Group UK Ltd.
Pitfield, Milton Keynes, MK11 3LW, UK
UKHW021047260726
13994UKWH00005B/2391

9 782329 457185